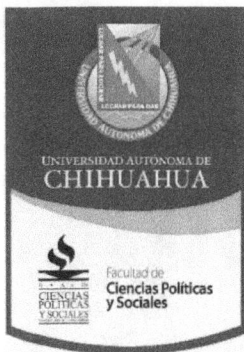

UNIVERSIDAD AUTÓNOMA DE CHIHUAHUA

FACULTAD DE CIENCIAS POLÍTICAS Y SOCIALES

I0080872

"Las Tutorías en la UACH como un modelo de acompañamiento: un estudio y seguimiento."

M.A HECTOR JAVIER LÓPEZ MIRANDA

M.C. MAURO CONDE MARTINEZ

M.A. JOEL BADILLO LUCERO

ISBN: 978-1-948150-90-3

DICIEMBRE 2024 CD. JUAREZ CHIHUAHUA

Las Tutorías en la UACH como un modelo de acompañamiento: un estudio y seguimiento.

Autores: M.A. HÉCTOR JAVIER LÓPEZ MIRANDA

M.C. MAURO CONDE MARTINEZ

M.A. JOEL BADILLO LUCERO

ISBN: **978-1-948150-90-3**

DICIEMBRE 2024 CD. JUAREZ CHIHUAHUA

ÍNDICE GENERAL

La tutoría como un acompañamiento en la Universidad Pública en México

La educación superior en México, particularmente en las universidades públicas, enfrenta diversos desafíos relacionados con la calidad educativa, la inclusión y el bienestar de los estudiantes. Dentro de las estrategias implementadas para abordar estos desafíos, la tutoría se ha consolidado como una herramienta fundamental para garantizar el éxito académico y personal de los estudiantes universitarios. Este ensayo analiza la tutoría como un acompañamiento en las universidades públicas mexicanas, con un enfoque en su importancia, retos y los beneficios que proporciona en el contexto actual de la educación superior en el país.

Las universidades públicas en México, como la Universidad Nacional Autónoma de México (UNAM), la Universidad Autónoma de Nuevo León (UANL) y muchas otras, han implementado programas de tutoría con el objetivo de ofrecer un acompañamiento académico y personal a sus estudiantes. Estos programas buscan que los

6

estudiantes no solo se enfrenten a los desafíos académicos, sino también a las dificultades emocionales, sociales y culturales que a menudo surgen durante su trayectoria universitaria.

La tutoría, en este contexto, va más allá de ser simplemente un proceso académico. Se entiende como un acompañamiento integral que apoya a los estudiantes en diferentes aspectos de su vida universitaria, tanto dentro como fuera del aula.

El tutor, generalmente un profesor experimentado o un estudiante avanzado, tiene la responsabilidad de orientar al estudiante, brindándole la información y las herramientas necesarias para superar las dificultades y maximizar su potencial.

En un país como México, donde la diversidad social, cultural y económica de los estudiantes es significativa, la tutoría se presenta como una herramienta clave para la inclusión y el éxito académico. Muchos estudiantes que ingresan a la educación superior provienen de contextos sociales y económicos diversos, lo que implica que sus necesidades y expectativas también varían considerablemente. La tutoría permite personalizar el acompañamiento para cada estudiante, ayudando a identificar sus fortalezas y debilidades, así como sus intereses y metas.

Uno de los objetivos fundamentales de la tutoría en las universidades públicas mexicanas es reducir la tasa de deserción escolar. A través de un acompañamiento cercano, los tutores pueden detectar a tiempo los problemas que los estudiantes enfrentan, ya sean académicos, emocionales o familiares, y ofrecer soluciones o derivaciones a otros servicios de apoyo, como psicología o asesoría económica. Este apoyo proactivo puede ser la diferencia entre que un estudiante abandone sus estudios o logre concluirlos con éxito.

Además, la tutoría promueve un ambiente de aprendizaje colaborativo. Los estudiantes que cuentan con un tutor tienen acceso a un espacio de confianza donde pueden expresar sus inquietudes y recibir orientación no solo sobre temas académicos, sino también sobre aspectos de su vida personal que pueden afectar su desempeño.

Esta relación de confianza entre tutor y estudiante es crucial para la adaptación y el éxito en la vida universitaria.

Retos de la tutoría en las universidades públicas de México A pesar de sus evidentes beneficios, la implementación de la tutoría en las universidades públicas mexicanas enfrenta varios desafíos.

Uno de los principales problemas es la sobrecarga de trabajo de los tutores. Muchos de estos son docentes que deben cumplir con sus responsabilidades académicas y, a menudo, también se encargan de la tutoría de un gran número de estudiantes.

Esto puede dificultar un acompañamiento adecuado, especialmente en universidades con una matrícula estudiantil elevada.

Otro reto es la falta de formación y recursos para los tutores. A pesar de que muchas universidades promueven programas de tutoría, no todos los tutores reciben capacitación continua sobre las mejores prácticas en la tutoría.

Es necesario contar con programas de formación que permitan a los tutores desarrollar habilidades en áreas como la gestión del tiempo, la empatía, la orientación vocacional, el manejo de conflictos y el acompañamiento emocional, entre otros. también existe una falta de sensibilización sobre la importancia de la tutoría tanto en los estudiantes como en los propios docentes. A menudo, los estudiantes no buscan la ayuda del tutor por miedo al estigma o por la falta de conocimiento sobre los servicios disponibles.

Asimismo, algunos docentes pueden no ver la tutoría como una prioridad debido a su carga laboral o la falta de incentivos para participar activamente en estos programas. Los beneficios de la tutoría como acompañamiento en las universidades públicas mexicanas son múltiples. En primer lugar, contribuye al desarrollo académico de los estudiantes.

El acompañamiento personalizado les permite mejorar su rendimiento, superar dificultades específicas en determinadas materias y fortalecer habilidades de estudio. Esto es particularmente relevante en universidades con un sistema académico exigente, donde el ritmo de aprendizaje puede resultar abrumador para algunos estudiantes.

Además, la tutoría tiene un impacto positivo en la salud mental y emocional de los estudiantes. El estrés y la ansiedad son problemas comunes entre los universitarios, especialmente en aquellos que enfrentan situaciones personales o familiares complicadas. El tutor, al ser una figura cercana y comprensiva, puede ayudar a los estudiantes a gestionar mejor estos problemas, lo que a su vez mejora su bienestar general y su capacidad para enfrentar los retos académicos.

Otro beneficio importante es el fomento de la inclusión y la equidad. Al personalizar la atención, la tutoría permite que los estudiantes con menos recursos o con condiciones socioeconómicas desfavorecidas puedan recibir el apoyo necesario para integrarse de manera efectiva en el ambiente universitario.

La tutoría también ayuda a que los estudiantes conozcan mejor los recursos que la universidad ofrece, como becas, servicios de salud, actividades extracurriculares, etc. La tutoría, como proceso de acompañamiento en las universidades públicas mexicanas, juega un papel crucial en el éxito académico y personal de los estudiantes. A través de un acompañamiento integral, los estudiantes reciben el apoyo necesario para superar los obstáculos que encuentran en su camino y maximizar su potencial. Aunque existen retos en su implementación, como la sobrecarga de los tutores o la falta de recursos, los beneficios de la tutoría son invaluables, especialmente en un contexto como el mexicano, donde la diversidad de estudiantes es una realidad constante.

La tutoría debe seguir siendo una prioridad en las políticas educativas de las universidades públicas, garantizando que todos los estudiantes tengan las mismas oportunidades de éxito en su formación universitaria.

La tutoría como un acompañamiento en la Universidad Autónoma de Chihuahua.

La tutoría universitaria ha adquirido un rol fundamental en los últimos años dentro de las instituciones educativas superiores, buscando promover el desarrollo integral de los estudiantes a través de un acompañamiento cercano y personalizado. En este sentido, la Universidad Autónoma de Chihuahua (UACH) no ha sido la excepción, implementando programas de tutoría como parte de su compromiso con la calidad educativa y el bienestar de su comunidad estudiantil.

Este libro explora la tutoría como un proceso de acompañamiento académico y personal en la UACH, su importancia, los retos que enfrenta y los beneficios que ofrece a los estudiantes.

La tutoría en la Universidad Autónoma de Chihuahua: Un proceso integral, que no solo busca orientar a los estudiantes en sus procesos académicos, sino también contribuir al desarrollo de habilidades sociales, emocionales y profesionales.

El tutor, quien generalmente es un docente experimentado o un profesional del área, actúa como guía y orientador, brindando apoyo constante en aspectos tanto académicos como personales, dependiendo de las necesidades de cada estudiante. Este acompañamiento es especialmente importante en un contexto universitario donde los estudiantes enfrentan nuevos retos, tanto en su adaptación a un sistema educativo más exigente como en la toma de decisiones cruciales para su futuro profesional.

Importancia de la tutoría en el contexto universitario. En una universidad como la UACH, la tutoría se presenta como una estrategia clave para evitar la deserción escolar, promover la inclusión académica y fomentar una educación de calidad. El acompañamiento que brindan los tutores permite a los estudiantes sentirse respaldados en su trayectoria educativa, facilitando su adaptación al entorno universitario.

Los jóvenes llegan a la universidad con diversos niveles de preparación académica, experiencias personales y expectativas sobre su futuro, lo que puede generar inseguridades o dificultades para cumplir con los requisitos del programa académico. Aquí es donde la tutoría se convierte en un instrumento que les ayuda a mejorar su rendimiento, a resolver dudas y a enfrentar la ansiedad que a menudo acompaña el proceso de transición hacia la educación superior.

Uno de los principales beneficios de la tutoría es la personalización del aprendizaje. Cada estudiante tiene un ritmo, una forma de aprender y unos intereses particulares, por lo que recibir orientación individualizada permite atender de manera más eficaz sus necesidades. Además, la tutoría fomenta una relación de confianza, lo cual propicia un ambiente seguro para que los estudiantes expresen sus inquietudes académicas o personales.

Retos de la tutoría en la UACH, aunque la tutoría es un proceso beneficioso, también enfrenta ciertos retos en su implementación. Uno de los principales desafíos es la carga laboral de los tutores, quienes a menudo deben equilibrar sus responsabilidades docentes con las tareas de acompañamiento de los estudiantes. Esto puede generar dificultades para mantener un seguimiento constante y cercano, especialmente en programas con una alta matrícula estudiantil.

Otro reto importante es la diversidad de necesidades de los estudiantes, ya que no todos los estudiantes requieren el mismo tipo de acompañamiento. Algunos pueden necesitar apoyo emocional, mientras que otros se enfrentan a dificultades académicas específicas, lo que demanda que los tutores cuenten con las habilidades necesarias para abordar una amplia gama de situaciones. Esto puede implicar una formación continua para los tutores, con el fin de que se mantengan actualizados sobre las mejores prácticas y herramientas para ofrecer un acompañamiento adecuado.

Beneficios de la tutoría como acompañamiento

A pesar de los desafíos mencionados, los beneficios de la tutoría como acompañamiento en la UACH son indiscutibles. En primer lugar, contribuye a la mejora del rendimiento académico de los estudiantes al identificar y corregir a tiempo las áreas de dificultad. Los estudiantes que cuentan con un tutor tienen mayor probabilidad de completar sus estudios con éxito, ya que reciben orientación para superar obstáculos y desarrollar habilidades de estudio.

Por otro lado, la tutoría fomenta una mayor integración social y académica de los estudiantes, lo cual es crucial en una universidad con una población diversa. Los tutores pueden servir como mediadores entre los estudiantes y la institución, ayudando a que los primeros se sientan parte activa de la comunidad universitaria.

Finalmente, la tutoría también tiene un impacto positivo en el desarrollo personal de los estudiantes. Al recibir acompañamiento, los estudiantes pueden adquirir competencias socioemocionales que los preparan para afrontar no solo los retos académicos, sino también los desafíos de la vida profesional y personal, facilitando su inserción en el mercado laboral y su desarrollo como ciudadanos responsables.

En conclusión, la tutoría en la Universidad Autónoma de Chihuahua se presenta como un acompañamiento esencial para el éxito académico y personal de los estudiantes. A través de una relación cercana con los tutores, los estudiantes pueden encontrar el apoyo necesario para superar los desafíos inherentes a la educación superior. A pesar de los retos que implica su implementación, los beneficios que ofrece la tutoría son significativos, tanto para el rendimiento académico como para el desarrollo integral de los estudiantes. La UACH, al apostar por este modelo de acompañamiento, demuestra su compromiso con la formación de profesionales competentes, críticos y preparados para enfrentar los retos del futuro.

El profesor o tutor tiene la capacidad de brindarte apoyo, así como orientarte personal y académicamente en toda la etapa universitaria. Probablemente no habías tenido en cuenta las tutorías con profesores en la universidad, pero deberías de tenerlas presente, pues hacemos hincapié en que esta relación va a ser altamente beneficiosa en todos los sentidos de los estudiantes universitarios.

La relación continua de tutor/alumno servirá, además, para mantener una comunicación continua y permitirá al docente llevar a cabo un seguimiento personal de tu situación académica, lo que inevitablemente conlleva a un apoyo exhaustivo en aquellos temas en los que más ayuda necesites. Así mismo este vínculo continuado, generará mayor confianza por tu parte, lo que se traducirá en un mayor aprendizaje y desempeño profesional durante esta etapa.

La Tutoría Académica está orientada a revitalizar la práctica de la docencia, brindando a los estudiantes atención personalizada o grupal durante su proceso formativo, con el propósito de detectar de manera oportuna y clara los factores de riesgo que pueden afectar el desempeño académico de los estudiantes.

La actividad tutorial contempla la realización de actividades planificadas y responsables que en suma busquen:

Mejorar el proceso de aprendizaje, generando actitudes de conocimiento crítico y participativo.

Trabajar el proceso de crecimiento personal del alumnado, sin dejar de lado las problemáticas y experiencias particulares.

Analizar el ámbito contextual, laboral y profesional, favoreciendo una construcción como sujetos activos de la sociedad.

El análisis de las entrevistas indica que el tutor debe tener una formación dentro del campo de las ciencias de la salud y se le identifica como un orientador, facilitador y acompañante para el alumno; de aquí surge la necesidad de realizar una selección de tutores que cumplan con el perfil del Programa Institucional de Tutorías. En cuanto a las actividades de la tutoría que inciden en el crecimiento personal, deben ser estandarizadas y se requiere de una capacitación específica. La escucha activa del tutor se percibió como una herramienta básica para la detección de las necesidades del alumno que requieren ser atendidas.

Es necesario el apoyo institucional para que los tutores/profesores y alumnos conozcan de manera clara sus funciones y alcances dentro del Plan de Estudios 2010. Este fortalecimiento promovería en el alumno la adquisición de competencias para el ejercicio de la Medicina y en particular, para el abordaje de actividades que, a través del apoyo de tutoría del Programa Institucional de Tutorías, fortalezcan su desarrollo y crecimiento personal. (Elsa Liliana Aguirre Beníteza, 2017)

El propósito de una tutoría es ayudar a que los estudiantes se ayuden a sí mismos, y asistirlos o guiarlos al punto en que sean independientes y exitosos en su aprendizaje.

Tu tutor te ofrecerá apoyo persona a persona, y te aconsejará a lo largo de tu carrera universitaria, apoyándote en tus estudios y/o cualquier otra situación que puedas tener.

Este apoyo puede tomar muchas formas a lo largo de tu experiencia educativa, pero por supuesto la mayor responsabilidad recae en ti, el estudiante, para tomar lo aprendido e implementarlo es la forma más apropiada para garantizar tu éxito. Piensa entonces en tu tutor personal como un mapa (figurativamente hablando) que te guiará en los momentos más importantes de tu estadía, pero que también estará disponible cuando más lo necesites. (Viva-mundo, 2017)

ANTCEDENTES DE LA TUTORIA

Actualmente quien no cuenta con estudios de educación superior, está completamente excluido de todas las instituciones sociales, culturales, políticas y económicas, esto se debe a diversos factores, en primer lugar, la situación socioeconómica, la marginalidad, el embarazo adolescente, el consumo de drogas, bajas expectativas de la familia con respecto a la educación, y sobre todo a la disfuncionalidad familiar: los jóvenes que crecen con ambos padres son más exitosos en la escuela y son menos propensos al abandono escolar que quienes viven en familias monoparentales y en familias reconstituidas, todo esto influye en los estudiantes a hacia la fracaso escolar (Castillo, González y Loyola, 2012).

22

La educación superior en México tiene varios retos, entre ellos la formación integral con una visión humanista. En este sentido, la Tutoría Académica como estrategia de carácter formativa que incide en el desarrollo integral de los estudiantes en su dimensión intelectual, académica, profesional y personal tiene trascendencia educativa que va más allá de su carácter institucional. Por lo anterior, se consideró importante conocer el desempeño del tutor académico en el Instituto Jaime Torres Bodet, así como valorar los beneficios y obstáculos que se presentan en el proceso de tutoría académica, sobre todo en estudiantes de educación superior con la característica, que son docentes en formación.

El acompañamiento tutorial constituye en la actualidad una necesaria alternativa en el marco de la educación superior. El presente libro parte de una conceptualización general de la tutoría y efectúa una revisión de los estilos, métodos y procedimientos relacionados con esta faceta de la vida académica que, aplicada de manera coherente y sistemática, puede contribuir de manera efectiva a la consecución de los objetivos que la educación superior actual persigue.

Teniendo en cuenta los cambios que tanto la economía como la legislación han generado en la educación, y principalmente en los programas universitarios latinoamericanos, se hace preciso generar procesos de cambio en la conceptualización del currículo, de la actividad docente y de los planes de estudio y poner en marcha programas de acompañamiento tutorial a los estudiantes que den respuesta a las dificultades que los estudiantes enfrentan en las diferentes dimensiones de su vida.

Este estudio surge a partir de la investigación sobre la efectividad de un programa de acompañamiento tutorial en Psicología en una institución de educación superior de carácter universitario, y busca evidenciar los puntos preponderantes que requieren ajustarse y adaptarse en los programas de acompañamiento tutorial para facilitar el que se preste un servicio educativo que tenga en cuenta tanto la formación profesional como la formación de la persona.

El bajo rendimiento académico es un problema común a todos los países de nuestro entorno cultural. Nuestro objetivo ha sido recopilar y analizar la evidencia científica de las experiencias de profesores y estudiantes de Ciencias de la Salud sobre la influencia de la tutoría en el rendimiento académico.Se llevó a cabo una revisión sistemática en las bases de datos PubMed, CINAHL Scopus, WOS, PsycINFO, ERIC y Dialnet. Los criterios de inclusión fueron: estudios cuantitativos y cualitativos publicados entre 2011-2016, en inglés y en español.Se identificaron 346 estudios, seleccionados tras sucesivos cribados 15 (13 cualitativos y dos cuantitativos).

Diez estudios destacaron apoyar la relación tutores/estudiantes. Ocho analizaron la figura del tutor/a como modelo con oportunidad de incrementar el rendimiento académico de los estudiantes. Siete referencian la sobrecarga laboral de los tutores clínicos. Tres destacaron la importancia de un ambiente adecuado. Tres referencian la figura del estudiante y su papel en las tutorías entre iguales. Un estudio destacó el papel de las tecnologías de la información y comunicación. Se concluye que las tutorías son una estrategia eficaz para mejorar el rendimiento académico, aunque se requiere tener buenos tutores, que no estén sobrecargados y que exista una adecuada relación y un ambiente favorable.

El planteamiento del problema es apoyar a los alumnos del Sistema de Educación Superior (SES), con programas de tutorías y desarrollo integral, diseñados e implementados por las Instituciones de Educación Superior (IES), de suerte que una elevada proporción de ellos culmine sus estudios en el plazo previsto y logre los objetivos de formación establecidos en los planes y programas de estudio (ANUIES, 2000).Bajo esta perspectiva, las ies han desarrollado sus propios programas de tutoría y el itson no ha estado al margen de esas acciones; por ello desde el 2000 cuenta con el programa de tutoría académica; durante su desarrollo se han presentado ciertas problemáticas como la falta de recursos (humanos, financieros, materiales y de infraestructura), y aun cuando el programa es obligatorio para los alumnos

26

de nuevo ingreso, no todos se inscriben en él por falta de conocimiento de la existencia del mismo, pues no se tienen estrategias de difusión claramente definidas.

Resultados del análisis de resultados inició con la descripción numérica de los datos que se presenta en la Tabla I. Tutoría, sexo, reprobar materias y darse de baja, se registraron como variables categóricas, por esta razón la media de 0.3719 de la variable tutoría se interpreta como porcentaje; esto es, el 37.19% de los estudiantes recibieron tutoría (porcentaje bajo considerando que es obligatorio para los alumnos de nuevo ingreso inscribirse en tutorías); el 51.32% de los estudiantes son mujeres; el 44.75% de los estudiantes reprobaron al menos una materia y únicamente el 2.15% de los estudiantes se dio de baja. El promedio de calificaciones en la preparatoria y el promedio en la universidad se registraron en una escala de 0 a 10.

Es relevante que el estudiante se sienta motivado por los docentes. La motivación del profesor y la atención del tutor es de vital importancia, pues es el guía que proporciona acompañamiento durante toda su trayectoria académica (Rodríguez & Leyva, 2007).

La tutoría se ha convertido en una herramienta básica dentro del modelo de Universidades Politécnicas, y su principal función radica en una orientación integral por parte del profesor para lograr que el alumno culmine su formación académica con éxito.

El papel del Tutor se concibe como el responsable de brindar apoyo, orientación académica y personal al alumno durante todo su proceso de formación. La relación del estudiante y el tutor es de vital importancia, debido a que, se pude tener una excelente comunicación y el tutor puede proporcionar un mejor seguimiento al alumno y esto fortalece la confianza y da seguridad al estudiante permitiendo un mejor aprovechamiento escolar y por ende el éxito profesional.

Dentro del modelo educativo de las Universidades Politécnicas, se incluyen dentro de los horarios de tutorías pláticas relacionadas con la comunicación familiar y motivación, mismas que ayudan al estudiante al aprendizaje, también influyen en el desarrollo personal de los alumnos, lo cual es de importancia para su vida personal y académica propiciando así un buen desempeño profesional en un futuro.

Historia de la tutoría

A lo largo de la Historia, la tutoría, se ha presentado con diferentes nombres y funciones. En las comunidades primitivas siempre hubo quién se encargará de orientar y enseñar el conocimiento acumulado de las generaciones anteriores a los más jóvenes. En las "polis" griegas, la madre se ocupaba de la educación de los hijos, pero era muy habitual entre las familias más adineradas disponer de una nodriza que prestara distintos cuidados y que les transmite buenas costumbres, tradiciones culturales.

Además, cuando el niño cumplía cierta edad –aproximadamente siete años– pasaba a estar bajo la tutela del preceptor o pedagogo -generalmente un esclavo-, que velaba por sus costumbres y lo acompañaba a la escuela, incluso asistía con él a las clases. El discípulo en aquel entonces, se caracterizaba por la direccionalidad, los conocimientos eran transmitidos por el sujeto que conocía al sujeto que aprendía, nunca al revés.

A la enseñanza y como relación personalizada, aparece también en las prácticas formativas que se realizaban en los talleres medievales. Existía la figura del maestro que tenía bajo su cargo o tutela a uno o varios aprendices de los oficios gremiales de la época. En el año de 1532, se consideraba que la enseñanza debía realizarse de acuerdo con la personalidad y naturaleza del alumno. Se encuentran las ideas pedagógicas de figuras tan destacadas en el mundo de la Educación.

En 1876 se inició la difusión de trabajos de instituciones creadas específicamente para llevar a cabo procesos de orientación y tutoría como el "Museo Pedagógico Nacional" (1902), la "Inspección Médico Escolar" (1913), los "Institutos de Orientación Profesional" de Barcelona (1918) y de Madrid (1924), entre otros. Sin embargo, el régimen político impuesto después de la guerra civil (1939) rechazaba íntegramente el ideario educativo de la Segunda República y centró, especialmente en los primeros años, su preocupación en el adoctrinamiento del alumnado en contenidos religiosos y patrióticos; observándose que la acción tutorial de los docentes no estaba entre sus objetivos principales.

Fue a partir de los años cincuenta cuando se produjo una cierta apertura en el mundo de la enseñanza y la función tutorial comienza su proceso de institucionalización, principalmente debido al impulso proporcionado por la creación de diferentes instituciones y revistas de Educación que defienden la acción tutorial y orientadora como parte de la actividad docente en los centros. Pese a ello, habrá que esperar unas décadas para comenzar con el proceso de institucionalización de la tutoría.

En la UACH (FCPYS),el servicio de la tutoría inició de manera formal en el año del 2003 con la asignación de tres alumnos para cada uno de los tutores en función que atendían el departamento. A partir del 2004, el número de tutores fue en aumento y se incluyó no solo a profesores de tiempo completo sino de medio tiempo e incluso maestros de hora clase, quienes en forma voluntaria decidieron colaborar en esa área o servicio. En el semestre Agosto-diciembre del 2015 se atendieron en tutoría individual de un total de alumnos inscritos de 4755 en campus Chihuahua, a 826 alumnos con 73 profesores.

En el semestre Enero-Junio del 2015, se implementa en la facultad el "Sistema de Tutoría Grupal" el cual es un proceso de acompañamiento a un grupo de alumnos con la finalidad de abrir un espacio de comunicación, conversación y orientación grupal, donde los alumnos tienen la posibilidad de revisar y discutir temas que sean de su interés, inquietudes o preocupaciones; además de facilitar el aprovechamiento académico, la solución de problemas escolares, el desarrollo de hábitos de estudio así como la reflexión y convivencia social.

El objetivo primordial de este sistema es que el Tutor pueda detectar problemas específicos en los alumnos de nuevo ingreso para así, en conjunto con el Coordinador de Tutorías, el Responsable del Departamento de Psicología y el Secretario Académico puedan apoyar a cada alumno en particular de acuerdo a las necesidades que éste tenga. De acuerdo con reglas establecidas para desarrollar la tutoría grupal en la UACH, durante el semestre se programan 8 sesiones de 50 minutos cada una los días jueves o sábados alternados con 6 semanas de intervención del Departamento de Psicología, lo que da un total de 14 sesiones.

De enero 2015 a junio del 2016 se han atendido a 726 alumnos de 50 grupos diferentes con la ayuda de 26 maestros de tiempo completo en tutorías grupales. En cuanto a la tutoría individual en el semestre Enero–junio 2016 se atendieron de un total de 3,928 alumnos campus Chihuahua, a 802 alumnos con 80 profesores.

Concepto de tutoría

En segundo plano se dará a conocer que es una tutoría. De acuerdo al capítulo 1, artículo 2 en reglamento del Programa Institucional de Tutorías de la UACH, dice que la tutoría es el proceso mediante el cual se ofrece a los estudiantes –en forma individual o grupal- una atención especializada, sistemática e integral, a través de los catedráticos que para tal fin hayan sido designados como tutores, con el propósito de facilitar su incorporación al medio universitario y académico; reforzar el proceso enseñanza – aprendizaje; orientar y asesorar en la definición de su plan de estudios y en todas aquellas actividades que complementen su desarrollo académico; en caso de situaciones personales del Tutorado, tales como procesos de formación personal, proyectos de vida, aspectos psicológicos, médicos y sociales, mismos que deberán ser canalizados en los casos que así lo demanden, a otras instancias y, en general, guiar y dar seguimiento en el desarrollo académico y personal del estudiante tutorado .reconocer la diversidad del alumnado. La tutoría se realiza sobre una persona y no sobre un grupo.

Concepto por diferentes autores.

Fullerton 1996 tutoríaseñala que el concepto de tutoría es complicado, ya que existen varias definiciones y el fenómeno parece no estar organizado. Hay conceptos que son relacionados con tutoría, por ejemplo: dar clases privadas, supervisión, entrenamiento, consejería, etc., que, si bien tienen que ver con aspectos de la tutoría, por sí solos no le dan significado.

Bey 1999 tutoríaEntre la variedad de interpretaciones, hay una vaguedad y una falta de claridad sobre antecedentes, resultados, características y mediadores en las relaciones de tutoría.

Pérez juan y Merino Mariana 2000 tutoría La tutoría se consideran la tutoría como una herramienta o estrategia educativa para la atención del estudiantado donde un profesor (tutor) realiza una entrevista con el estudiante (tutorado), en donde se discuten y/o platican diversos temas académicos. Aún más, la tutoría se caracteriza por atender aquellos problemas relacionados con las estrategias de estudio, las dificultades en el aprendizaje, estabilidad emocional, actitudes hacia la profesión, y la asistencia del estudiante a eventos culturales realizados dentro y fuera de las universidades Todo ello, para fomentar su capacidad crítica y su rendimiento académico.

Peyton   2000 tutoría Enfatiza que no hay una definición universal, ya que los individuos definen tutoría dependiendo del contexto en que se usa, además pareciera que es distinta para cada disciplina. Sin embargo, el tema común a través de la mayoría de las definiciones de tutoría es que se identifica como una relación entre dos individuos, uno con alto nivel de pericia en una particular área práctica, y otro con menor habilidad y conocimientos en la comunidad, profesión u organización.

Pérez Elsy, Ojeda Alejandro y Salgado Humberto   2001 tutoría   La tutoría se consideran la tutoría como una herramienta o estrategia educativa para la atención del estudiantado donde un profesor (tutor) realiza una entrevista con el estudiante (tutorado), en donde se discuten y/o platican diversos temas académicos. Aún más, la tutoría se caracteriza por atender aquellos problemas relacionados con las estrategias de estudio, las dificultades en el aprendizaje, estabilidad emocional, actitudes hacia la profesión, y la asistencia del estudiante a eventos culturales realizados dentro y fuera de las universidades Todo ello, para fomentar su capacidad crítica y su rendimiento académico

Las tutorías son el paso a la orientación de los estudiantes, con el fin de lograr una preparación de primera para sus alumnos. Las tutorías no solo buscan el desarrollo y crecimiento académico, sino también el apoyo psicológico como emocional para sus estudiantes con la intención de convertir a chicos con propósitos y sueños.

El autor con el que compartimos opinión es con Fullerton, él sustenta que no hay un concepto claro de una tutoría es decir cualquier tipo de enseñanza es tutoría no necesariamente se refiere a lo académico sino a cualquier ámbito donde el fin es aprender y adquirir un conocimiento.

Clasificación de tutorías

Existen varios tipos de tutorías, pero todas caen en dos categorías principales, la tutoría presencial y la tutoría a distancia. Pará fines de nuestro ensayo señalaremos algunas de las clasificaciones propuesta por expertos en tutorías para contar con un panorama más amplio sobre ellas.

1.   Tutoría presencial

La tutoría que se brinda cara a cara entre tutor y alumno se le llama tutoría presencial. La tutoría presencial es necesaria en casos cuando no hay acceso a internet, la llamada telefónica no es suficiente o la tutoría escrita, epistolar, no es factible, la tutoría presencial es promovida la mayoría de las veces por el estudiante mismo.

2. Tutoría por internet o tutoría virtual (a distancia)

La tutoría virtual consiste en la comunicación asíncrona entre profesor y alumnos, mediante correo electrónico u otro sistema que use el internet y que facilita el seguimiento de la actividad del estudiante y permite ofrecer orientaciones académicas y personales, específicas y personalizadas. Puede complementar a la tutoría presencial.

3. Tutoría Individual

Tutoría de Acompañamiento (por asignación)

Tipo de tutoría que brindan los docentes-tutores a pequeños grupos de estudiantes a fin de acompañarlos en su trayectoria.

4. Tutoría individual especializada

Tutoría en Formación Temprana en la Investigación (por asignación)

Este tipo de tutoría contempla la integración de estudiantes que tienen las habilidades y el interés por la investigación, así como su formación en la producción del conocimiento.

5. Tutoría Grupal de Inicio

Es la tutoría que brinda el Coordinador de Carrera o profesor de la asignatura que corresponda, para integrar al estudiante a la comunidad universitaria.

6. Tutoría Grupal de Egreso

Es la tutoría de que el Coordinador de Carrera otorga para orientar al estudiante en su egreso de la vida universitaria al campo laboral.

7. Tutoría Grupal

Tutoría Grupal de Inicio

Es la tutoría que brinda el Coordinador de Carrera o profesor de la asignatura que corresponda según el PE, para integrar al estudiante a la comunidad universitaria.

8. Tutoría de prácticas

Tiene como finalidad el proporcionar al alumno en prácticas habilidades y herramientas para desarrollar con competencia profesional las prácticas.

9.   Tutora de proyecto

Asesorar y orientar todo el trabajo de proyecto del alumno (relativo a demandas de final de algunas carreras).

10.   Tutoría de asesoramiento personal

Corresponde a una tutoría especializada para el tratamiento o la intervención ante determinadas circunstancias personales de algunos estudiantes y es responsabilidad de profesores expertos en la intervención psicopedagógica, o bien consiste en el uso de servicios especializados de la propia universidad a través de la derivación que pueda hacer el tutor académico o el tutor de carrera.

11.   Tutoría de iguales

Los alumnos de cursos superiores son los encargados de orientar y asesorar a los compañeros, de forma exclusiva o como acción complementaria.

12. Mixta

En este tipo de modalidad el docente se deberá apoyar en las dos modalidades anteriores (presencial y a distancia).

13. Tutoría de acompañamiento

Se trata de un programa que tiene como objetivo la mejora del rendimiento escolar y la integración social de los alumnos de educación básica que lo necesiten. Se proponen tres objetivos estratégicos: proporcionar el acceso a una educación de calidad para todos, enriquecer el entorno educativo e implicar a la comunidad local.

14. Tutoría Académica

Es un proceso de acompañamiento de carácter formativo, orientador e integral desarrollado por docentes. El cual tiene como finalidad facilitar a los estudiantes todas las herramientas y la ayuda necesaria para conseguir con éxito todos los objetivos académicos, así como personales y profesionales, que les plantea su Institución.

15. Programadas

Son aquellas que se agendan en el Sistema Institucional de tutoría (SIT) por el tutor y tutorado, confirmando la cita en común acuerdo.

16. No programadas

Aquellas que se brindan por el tutor sin previa cita, que responde a necesidades inmediatas del tutorado y que se registran en el SIT.

17. Tutoría de carrera o de itinerario académico

Se refiere a un seguimiento del estudiante a lo largo de los estudios universitarios, en cuestiones generales relativas a los itinerarios curriculares, a la adaptación a la vida universitaria, a la mejora del rendimiento o a las salidas profesionales.

18. Tutoría de curso

Se refiere al seguimiento del alumno en un tramo de su trayecto formativo.

La existencia de tutorías es grande, con respecto a los tipos de tutorías los más a destacar son las tutorías presenciales y virtuales o a larga distancia, debido a que son el punto importante a partir para las demás. la tutoría presencial te permite conocer a tu tutorando de una manera más cercana mientras que a larga distancia también puedes contraer un contacto cercano con tu tutorando solo de una manera virtual. En pocas palabras tanto la tutoría presencial como a larga distancia son de gran ayuda en la orientación educativa de los alumnos, ninguna de las dos es complicadas para hacer uso de ellas.

Posicionamiento

Nuestro posicionamiento se basa en tres autores los cuales se acercan a nuestros pensamientos acerca del concepto de la tutoría, tutor y tutorado.

El primer autor aborda que la tutoría es un recurso, una estrategia para que los estudiantes afronten de forma satisfactoria su proceso formativo y afronten, de manera adecuada, la toma de decisiones, los procesos de transición académica y la vida socio laboral activa de manera autónoma y responsable. Álvarez Pérez, (2002).

Estamos de acuerdo con la posición de Pérez, ya que habla que la tutoría es una táctica para que los estudiantes sean personas que puedan enfrentarse a la realidad laboral al momento de ser un egresado universitario, tomar y hacer las decisiones correctas, así como ser auténticos, respetuosos y sobre todo responsables en el ámbito laboral.

El segundo autor sustenta que el tutor, es una persona hábil, cuenta con información, es dinámico y está comprometido en mejorar las habilidades de otro individuo. Los tutores entrenan, enseñan y modelan a los tutorados Young y Wright, (2001).

Nuestra posición está en acuerdo con la posición de Young y Wright porque un tutor, es una persona comprometida en ayudar al tutorado con el fin de ayudar a desarrollar sus habilidades académicas como extracurriculares. Un tutor no solo es un maestro sino también un amigo, son una fuente de consejo, apoyo y protección.

Y el último autor explica que el tutorado es catalogado como novato, aprendiz, menos experto y que sus atributos son: responsabilidad, iniciativa, ingeniosidad, habilidad para desarrollar un plan a fin de alcanzar sus metas y escuchar los consejos del tutor, además de no asumir el rol de niño necesitado a expensas de lo que disponga el tutor Campbell (2001).

Se está de acuerdo con Campbell por el simple hecho de que un tutorado es un novato que necesita aprender por medio de un tutor. Los tutorados son personas con la necesidad de adquirir conocimiento para su propio crecimiento donde la única manera de aprender es seguir los consejos de un tutor.

Instrumento

Encuesta sobre tutoría a través de la opinión estudiantil

Tiene el objetivo de conocer la opinión de los y las estudiantes sobre el programa de tutorías (si has tenido alguna) y el desempeño del tutor/a que les acompaña durante su trayectoria en la institución.

Estimado Alumn@:

A continuación, aparece una serie de afirmaciones, te solicitamos por favor seleccionar en cada una de ellas la opción que mejor responda a tu opinión.

1.   Semestre en que te encuentras inscrito/a: _____.

2.   Carrera que cursas actualmente.

RRI   CC   AP

Responde las siguientes cuestiones marcando con una X tu valoración, siguiendo los siguientes criterios:

VALORACIÓN

D. TOTALMENTE EN DESACUERDO C.   DE ACUERDO MEDIANAMENTE   B. DE ACUERDO A. TOTALMENTE DE ACUERDO

VALORACIÓN

3. En el primer semestre se te asignó un tutor/a.

     D   C   B   A

4. Actualmente asistes con algún tutor/a.   D

    C   B   A

5. ¿Conoces a tu tutor/a? D   C   B   A

6. ¿Buscas con frecuencia a tu tutor/a? D   C

    B   A

El programa de tutorías

7. Es un apoyo significativo durante tu estancia en la Universidad.   D   C   B   A

8. Mejora tu rendimiento académico, tu desarrollo personal y social.   D   C   B   A

9. Facilita tu integración a la comunidad universitaria. D   C   B   A

Desempeño de tu tutor/a

10. Procura mantener comunicación contigo.

D   C   B   A

11. Muestra disponibilidad para atenderte.

D   C   B   A

13. Te proporciona información útil y herramientas que puedes utilizar.

D   C   B   A

14. Representa un apoyo dentro de la institución.

D   C   B   A

15. ¿Recomiendas la tutoría?   D   C   B
    A

16. ¿Recomiendas al tutor/a?

D   C   B   A

17. ¿Consideras importante evaluar a tu tutor/a?
D   C   B   A

18. ¿En ocasiones de algún problema o situación buscarías un tutor?

49

D   C   B   A

Elaborado por: Altamirano Leslie, Delgadillo Vaneza y Gamón Itzel.

Al terminar de leer las fichas correspondientes al tema de tutorías, comenzamos a comprender cuál es la importancia de las misma ya que se pueden vivir desde diferentes factores o etapas no solo académicas sino también en ambientes laborales disciplinas físicas, en nuestro día con día son muy útiles y fortalecen la experiencia de cierta actividad que estemos realizando.

Nuestra posición de humanos nos permite aprender día con día, pero este aprendizaje siempre debe llevar un acompañamiento, de preferencia de alguien con más experiencia en la labor que estemos realizando, puede ser algún maestro, algún compañero de trabajo, supervisor o capacitador. Es sumamente importante este acompañamiento para el mayor aprovechamiento de la actividad ya que sin este acompañamiento el trabajo se puede ver mermado y con el tiempo no tendrá los resultados esperados o deseados.

En muchas ocasiones este acompañamiento también puede ser un pie de tropiezo por la falta de conocimientos por parte del tutor o por falta de interés de alguno de las dos partes, por eso es muy importante la constancia y la captación del mensaje que el tutor está impartiendo y que el tutorando sepa de lo que trata aquella actividad y se sienta escuchado, aceptado y sobre todo respetado.

Un tutorando que es desatendido de su labor no va a llegar lejos y un tutor que no procura a su tutorando va terminar arruinando el potencial de su encargo, por eso las dos partes deben asumir una posición de responsabilidad, consistencia, disciplina y sobre todo amor a la actividad que se está desempeñando, si esto no es así, la mejor manera de hacer un cambio es comenzar con otro tutorando y otro tutor.

El tutor y su aprendiz deben hallarse en una sintonía de armonía en la que haya constante comunicación para que el trabajo pueda fluir, de otra manera esto va a llevar al desastre y no se va a aprovechar este recurso tan valioso.

Las tutorías son una herramienta muy valiosa para las nuevas generaciones, que es el aspecto académico que es en el que nos concentraremos un poco más, ya que, por medio de ellas, los estudiantes pueden conocer diversas cuestiones y situaciones de su institución académica lo cual les permitirán enfocarse más y aprovechar al máximo su paso por su nivel académico sea el que estén cursando.

Un estudiante que vive sus tutorías es una persona comprometida con su educación y sobre todo es alguien que carga en sus hombros la identidad de su comunidad escolar ya que busca lo mejor y aprovechar al máximo los servicios y prestaciones a las que puede aspirar, ya sea desde cuestiones deportivas hasta intercambios de instituto temporales, ya sea en otros países o ciudades, con la oportunidad de engrandecer el prestigio de su escuela, pero sobre todo engrandecer su nivel de estudio viviendo desde nuevas realidades, para la construcción de un mejor perfil profesional.

Las universidades cuentan con este servicio otorgado a sus estudiantes, por el cual ellos pueden acceder a un tutor y él los acompañará en su travesía por la institución haciendo valer para ellos todo tipo de información que pueda ayudarles a tener una mejor estancia aprovechando recursos al cien por ciento.

Gracias a las tutorías, los alumnos tienen la oportunidad de explorar y conocer sus atributos tanto creativos o irlos desarrollando para una formación en la cual el alumno está en constante retroalimentación con su tutor. El tutor funge una función sumamente importante ya que él es el encargado de que esos estudiantes sean llevados de las manos hacia sus existencias personales, para eso tiene que conocer a fondo sus realidades y desde ahí partir para poder suministrar los recursos necesarios.

El tutor debe ser una persona cerca de sus tutorados, capaz de escucharlos y acompañarlos en su día a día. Que su comunicación sea muy estrecha para que el tutor pueda determinar que opciones le sirven a su tutorando y cuáles no, pues se puede caer en un error pensar que todos los estudiantes tienen la misma realidad, es por eso que lo preferible es que el tutor tenga un número razonable de tutorados, ya que podría caer en una cotización de sobre tutorados y eso entorpece su trabajo, al no poder darle los suministros a todos por igual y solo dándoles un poco de lo que realmente estaría comprometido a dar.

También debe tener una actitud de aceptación ya que la labor de tiene que hacer con total entrega y dedicación por el respeto al alumno y así confianza de haber escogido a su tutor

Por lo tanto, cuando un maestro o persona en general vaya a ser elegido como tutor, esa persona tiene que pensarlo por un momento y estar completamente seguro que su trabajo será de calidad y con total dedicación. Esta labor puede ser muy agotadora, pero con una gran satisfacción al ver a los estudiantes logrando sus propósitos y llevarse la satisfacción de haberlos ayudado a cumplir sus metas.

Otra cuestión más en la que las tutorías son completamente importantes son la completa formación profesional de los alumnos ya que ellos llegan a la institución buscando la formalidad y profesionalismo, si no los preparamos para la vida profesional muchos de ellos no lo lograrán y se verá afectado en la labor de la escuela, pero, sobre todo, en la vida laboral y personal de los estudiantes.

Los tutores son grandes medios de apoyo en el rezago escolar, ellos conocen la realidad de sus tutorados y saber cuál es el motivo principal por el cual muchos de los alumnos no continúan su vida académica, en este caso la universidad.

Por medio de las sesiones de tutorías el alumno puede externar sus dudas y buscar apoyo si alguna situación lo está obligando a dejar su vida académica, es ahí donde el tutor puede contribuir a qué su alumno o tutorado continúe y no sea parte de ese índice de medición en el cual nos dice que muchos de los jóvenes universitarios deciden abandonar su carrera para darle prioridad a otras actividades o por falta de ingresos. Ya que sin los primeros factores de resección escolar.

Las universidades son testigos de gran paso de estudiantes que han sabido aprovechar los recursos y han llegado a una vida profesional plena, desde ingenieros de prestigio como grandes licenciados que han ocupado puestos públicos de gran interés como lo es ser presidente de la República, pero la mayoría de ellos tuvieron que haber pasado por algún proceso de tutoría en el que se encontrarán un poco confusos y alguien le pudiera orientar a encontrar el camino que deberían llevar.

Por eso las tutorías son sumamente importantes, ya que ayudan al alumnado a seguir y no decaer aparte de dar las herramientas necesarias para poder continuar con sus estudios de forma satisfactoria, con compromiso, dedicación y disciplina.

En una tutoría se tienen que revisar todos los factores que rodean al estudiante, desde instalaciones de la escuela hasta un estudio socioeconómico de su vida, para poder conocer cuáles son sus limitantes y que es lo que lo puede hacer caer, por eso el tutor debe ser muy observador y detectar cualquier cosa en su tutorando así podrá ayudarlo mejor y la institución universitaria podrá poner en marcha algún plan para evitar la deserción.

Lamentablemente no todos los tutores tienen compromiso con sus tutorados ya que se cae en el olvido y la inconsistencia, y esto lleva a la falta de interés del estudiante por las tutorías.

Ya que, al encontrarse solo, podría tomar alguna decisión inexperta y eso podría costarle caro, por eso reafirmó la importancia de un tutor para cada alumno y que lo pueda acompañar si es posible, a lo largo de toda su carrera.

Es importante reconocer el trabajo dado por los tutores, por qué siento personas con una vida ordinaria, gracias a su apoyo y dedicación a las tutorías, se puede ver una vida extraordinaria. Honremos con gratitud y admiración a todas aquellas tutorías y su labor de entrega hacia la comunidad estudiantil y sus ganas de ver crecer a nuevos profesionistas que el día de mañana serán grandes y estarán en ligas mayores.

.

La presente investigación busca percibir los antecedentes, usos e ideologías de las tutorías a través de la historia, así mismo identificar, analizar y comparar los diferentes conceptos sobre las tutorías, siendo que el problema planteado se pretende demostrar que las tutorías son un apoyo para la superación estudiantil, de manera que las tutorías son un servicio por parte de la UACH para sus estudiantes.

A lo largo de la Historia, la tutoría, se ha presentado con diferentes nombres y funciones. En las comunidades primitivas siempre hubo quién se encargará de orientar y enseñar el conocimiento acumulado de las generaciones anteriores a los más jóvenes. En las "polis" griegas, la madre se ocupaba de la educación de los hijos, pero era muy habitual entre las familias más adineradas disponer de una nodriza que prestara distintos cuidados y que les transmite buenas costumbres, tradiciones culturales, etc. Además, cuando el niño cumplía cierta edad –aproximadamente siete años– pasaba a estar bajo la tutela del preceptor o pedagogo - generalmente un esclavo-, que velaba por sus costumbres y lo acompañaba a la escuela, incluso asistía con él a las clases.

El discípulo en aquel entonces, se caracterizaba por la direccionalidad, los conocimientos eran transmitidos por el sujeto que conocía al sujeto que aprendía, nunca al revés. Organizado por: La tutoría, como apoyo a la enseñanza y como relación personalizada, aparece también en las prácticas formativas que se realizaban en los talleres medievales.

Existía la figura del maestro que tenía bajo su cargo o tutela a uno o varios aprendices de los oficios gremiales de la época. En el año de 1532, se consideraba que la enseñanza debía realizarse de acuerdo con la personalidad y naturaleza del alumno. Podemos establecer que entre los pilares fundamentales que conforman el concepto de la acción tutorial, entendido como tarea orientadora que atiende las características diferenciales del alumno, se encuentran las ideas pedagógicas de figuras tan destacadas en el mundo de la Educación.

En 1876 se inició la difusión de trabajos de instituciones creadas específicamente para llevar a cabo procesos de orientación y tutoría como el "Museo Pedagógico Nacional" (1902), la "Inspección Médico Escolar" (1913), los "Institutos de Orientación Profesional" de Barcelona (1918) y de Madrid (1924), entre otros. Sin embargo, el régimen político impuesto después de la guerra civil

(1939) rechazaba íntegramente el ideario educativo de la Segunda República y centró, especialmente en los primeros años, su preocupación en el adoctrinamiento del alumnado en contenidos religiosos y patrióticos; observándose que la acción tutorial de los docentes no estaba entre sus objetivos principales. Fue a partir de los años cincuenta cuando se produjo una cierta apertura en el mundo de la enseñanza y la función tutorial comienza su proceso de institucionalización, principalmente debido al impulso proporcionado por la creación de diferentes instituciones y revistas de Educación que defienden la acción tutorial y orientadora como parte de la actividad docente en los centros. Pese a ello, habrá que esperar unas décadas para comenzar con el proceso de institucionalización de la tutoría.

En segundo plano se dará a conocer que es una tutoría.

De acuerdo al capítulo 1, articulo 2 en reglamento del programa institucional de tutorías de la UACH, dice que la tutoría es el proceso mediante el cual se ofrece a los estudiantes –en forma individual o grupal- una atención especializada, sistemática e integral, a través de los catedráticos que para tal fin hayan sido designados como tutores, con el propósito de facilitar su incorporación al medio universitario y académico; reforzar el proceso enseñanza – aprendizaje; orientar y asesorar en la definición de su plan de estudios y en todas aquellas actividades que complementen su desarrollo académico; en caso de situaciones personales del Tutorado, tales como procesos de formación personal, proyectos de vida, aspectos psicológicos, médicos y sociales, mismos que deberán ser canalizados en los casos que así lo demanden, a otras instancias y, en general, guiar y dar seguimiento en el desarrollo académico y personal del estudiante tutorado.

Según Fullerton (1996) señala que el concepto de tutoría es complicado, ya que existen varias definiciones y el fenómeno parece no estar organizado. Hay conceptos que son relacionados con tutoría, por ejemplo: dar clases privadas, supervisión, entrenamiento, consejería, etc., que si bien tienen que ver con aspectos de la tutoría, por sí solos no le dan significado.

Para Bey (1995) entre la variedad de interpretaciones, hay una vaguedad y una falta de claridad sobre antecedentes, resultados, características y mediadores en las relaciones de tutoría.

Por otra parte para Juan Pérez y Mariana Merino, la tutoría es la autoridad que se confiere para cuidar de una persona y/o sus bienes en los casos en que, por minoría de edad u otras causas, no tiene completa capacidad civil. La tutoría también hace referencia a la dirección o amparo de una persona respecto de otra y al cargo de tutor. La función tutorial forma parte de la tarea de los docentes. Se entiende como una elemento individualizador y personalizado que tiende a reconocer la diversidad del alumnado. La tutoría se realiza sobre una persona y no sobre un grupo.

Peyton (2000) enfatiza que no hay una definición universal, ya que los individuos definen tutoría dependiendo del contexto en que se usa, además pareciera que es distinta para cada disciplina. Sin embargo, el tema común a través de la mayoría de las definiciones de tutoría es que se identifica como una relación entre dos individuos, uno con alto nivel de pericia en una particular área práctica, y otro con menor habilidad y conocimientos en la comunidad, profesión u organización.

Pérez Elsy, Ojeda Alejandro y Salgado Humberto, consideran La tutoría se consideran la tutoría como una herramienta o estrategia educativa para la atención del estudiantado donde un profesor (tutor) realiza una entrevista con el estudiante (tutorado), en donde se discuten y/o platican diversos temas académicos. Aún más, la tutoría se caracteriza por atender aquellos problemas relacionados con las estrategias de estudio, las dificultades en el aprendizaje, estabilidad emocional, actitudes hacia la profesión, y la asistencia del estudiante a eventos culturales realizados dentro y fuera de las universidades Todo ello, para fomentar su capacidad crítica y su rendimiento académico.

Las tutorías son el paso a la orientación de los estudiantes, con el fin de lograr una preparación de primera para sus alumnos. Las tutorías no solo buscan el desarrollo y crecimiento académico, sino también el apoyo psicológico como emocional para sus estudiantes con la intención de convertir a chicos con propósitos y sueños.

Los orígenes de la tutoría se vinculan a los de la humanidad, en donde una persona adelantada en algún sentido acompaña a otra para apoyarla en su maduración y desarrollo.

Este documento lo que pretende es que los jóvenes y maestros de la FCPYS vean los beneficios y las oportunidades que puede brindar primeramente al maestro de impartir la clase de tutorías y el del estudiante de tomar esa clase. Que, si se diera más importancia a esta asignatura, para el alumno sería más sencillo iniciar la carrera, en el trascurso el ir bien informado y apoyado sobre becas, oportunidades, etc. y al final haber concluido exitosamente gracias al apoyo del docente.

Resaltando la clase de tutoría, si le dieran esa importancia que se merece, la facultad crecería mucho, así como los maestros y los alumnos, porque se significaba mucho el dar esa importancia al alumno. Lo correcto sería pedir el apoyo de un profesor, el cual juntos podamos hacer que sus compañeros docentes y la ayuda de nuestro director vean la necesidad y valor que tiene la clase en sí; darles a conocer los beneficios que daría de corto a largo plazo.

Es muy importante que se lleven a cabo tutorías con los estudiantes, ya que mediante esto podemos detectar los problemas que ellos tengan y a la vez el docente canalizarlos u orientarlos lo más adecuadamente.

Es por eso que el estudiante tenga la suficiente confianza con su tutor para que le puede contar los problemas que tiene y así este le pueda facilitar la ayuda adecuada.

Un gran desafío para enfrentar la deserción, el rezago estudiantil y los bajos índices de eficiencia terminal.

La tutoría académica es el proceso mediante el cual se hace disponible la información sistemática al tutorado, que le permite la planeación y desarrollo de su proyecto académico y profesional, a través del acompañamiento de un tutor (maestro de la facultad de ciencias políticas y sociales) quien reconoce, apoya y canaliza las necesidades específicas que le plantea el tutorado, considerando la normatividad y apoyos institucionales disponibles que respondan a estas necesidades, respetando en todo momento la libertad del estudiante en la toma de las decisiones de su trayectoria académica.

La tutoría es una de las funciones propias de los profesores caracterizada por orientar y apoyar el desarrollo integral de los alumnos, así como contribuir a abatir los problemas de reprobación.

Es muy importante que se lleven a cabo las tutorías con los estudiantes de nuestra facultad ya que a través de esta podemos detectar la problemática que ellos tienen y a la vez canalizarlos u orientarlos adecuadamente.

Otra de sus funciones es facilitar el vínculo de los alumnos con las diferentes figuras de la facultad: orientador educativo, docentes padres de familia y personal administrativo, mediante la formación de redes de apoyo que permitan el involucramiento de todos los actores en la escuela optimizar los recursos disponibles y la posibilidad de implementar acciones que ayuden a la formación integral del alumno.

Organización de la actividad tutorial

En la FCPYS la tutoría debe ser una acción programada y sistematizada a lo largo de todo el semestre escolar, no solo una actividad esporádica que se ofrece cuando el alumno desea asesoría u orientación, o cuando el tutor disponga de tiempo libre para realizar la actividad, ya que de esta manera no se logrará. El impacto en los alumnos ni se favorecerá su formación.

Momentos de la tutoría

Lo deseable es que en la facultad la acción tutorial tenga inició desde el ingreso de alumnos a la escuela y concluya una vez que este haya llegado al fin de sus estudios.

Actividades del tutor de ingreso (Alumnos de primer y segundo semestre).

-Participar en el curso de inducción para alumnos de primer ingreso.

-Realizar diagnósticos para conocer las características de su grupo y detectar necesidades en aspectos psico-sociales y cognitivas.

-Elaborar un plan de acción tutorial de acuerdo a las necesidades de su grupo.

-Elaborar un expediente físico o electrónico de sus tutorados, en el que recaba información académica, familiar, psicosocial, médica y documentos de seguimiento.

-Fomentar la integración grupal.

-Asesorar y orientar al alumno en aspectos educativos relacionados con los hábitos y estrategias de estudio.

-Asistir a reuniones de tutores para planear, acordar y evaluar.

-Entregar informe semestral de sus actividades al coordinador de tutores.

Evaluación de la acción tutorial

La evaluación se lleva a cabo con la finalidad de detectar alcances y áreas de oportunidad que pudieran interferir en la óptima ejecución del programa de tutorías. Los mecanismos de seguimiento y evaluación deben estar encaminados a garantizar que la tutoría, tenga un impacto efectivo en el proceso educativo y no se transforme en una actividad burocrática.

Tipos de tutor

Por naturaleza los tutores pueden ser de dos tipos:

-Tutor de tronco común: asignado al estudiante durante su tránsito por la facultad de ciencias políticas y sociales (primero y segundo semestre)

-Tutor de programa educativo: nombrado al ingresar al tercer semestre hasta su egreso del programa.

El tutor continuará en lo posible acompañando a sus tutorados durante su trayectoria académica dentro de la FCPYS, excepto cuando por razones de reestructuración de grupos, cambio de horarios del docente u otras causas se le notificará al alumno oportunamente.

70

Servicios de apoyo académico institucional

Con el fin de que los tutores desempeñan su función adecuadamente se considera pertinente y necesario dotar a los tutores de información concreta y precisa sobre los servicios correspondientes a las diferentes instancias en gestión:

-asesoría y tutorías de los alumnos.

-orientación educativa y psicopedagógica.

-Sistema universitario de becas.

-Programa de emprendedores universitarios

-Intercambio y movilidad estudiantil.

-Programas deportivos y de difusión cultural

-La bolsa de trabajo estudiantil

-Servicio social

-Becas

-Seguro médico

CONCLUSIONES

Una importante conclusión de esto es que la tutoría al inicio, durante y al finalizar el periodo escolar es muy valioso en sí. Ya que tiene demasiados beneficios para uno como alumno, el tener un apoyo y qué mejor de un profesor que nos está orientando en todo momento y aconsejando de las decisiones que queramos tomar.

Las tutorías es algo que se debe fomentar cada vez más en la universidad, ya que no se le está dando la importancia requerida y para muchos alumnos es difícil el pedir apoyo. Así que se presentará una carta con el director de la facultad en la cual evalúe esta situación y nos pueda apoyar en algo que beneficia a todos en sí, en la universidad para que los alumnos no abandonen la carrera y permanezcan en su carrera y en los estudiantes para que puedan sentir el apoyo y la orientación que necesitamos durante todo el periodo.

Al termino de las investigaciones (fichas bibliográficas) ya hechas por el equipo, analizamos conceptos, el sistema que se lleva a cabo y la importancia de las tutorías a nivel superior. Nos dimos cuenta de que las tutorías son fundamentales dentro de la etapa académica tanto del alumno (en su crecimiento personal y profesional) como del docente (quien es el que orienta al alumno).

Tomando en cuenta que, la vida universitaria es una etapa de muchos cambios, en este proceso, la capacidad para tomar decisiones, controlar emociones, reconocerse a sí mismo y plantear metas, etc. La tutoría universitaria, es de mayor importancia para el estudiante, esta área es la encargada de promover y potenciar el apoyo al estudiante en diversos aspectos de su vida social y académica con la compañía de un tutor.

El papel del Tutor se concibe como el responsable de brindar apoyo, orientación académica y personal al alumno durante todo su proceso de formación. La relación del estudiante y el tutor es de vital importancia, debido a que, se puede tener una excelente comunicación y el tutor puede proporcionar un mejor seguimiento al alumno y esto fortalece la confianza y da seguridad al estudiante permitiendo un mejor aprovechamiento escolar y por ende el éxito profesional.

Por lo tanto, un tutor debe tener siempre presente como idea central un elemento fundamental, el peso que le debe dar a la integralidad en la formación del tutorado, viéndose favorecidas las representaciones sociales y la articulación con el currículo de formación profesional.

Ahora bien, en México, como en casi todas las universidades de América Latina, en los últimos años han incorporado programas de tutoría, como una estrategia para mejorar la calidad de la enseñanza. La Tutoría se concibe como un eje en la educación de los estudiantes, el cual enfatiza el aprendizaje auto dirigido y la formación integral. Sin embargo, los alumnos hoy en día pese a contar con estos programas (sin costo alguno en algunas instituciones) no son aprovechados de buena manera debido a que no son tomados en cuenta por la gran mayoría de los alumnos e incluso desconocen de los programas en las instituciones académicas.

Queda claro que, no en todos los casos son así; que en otras ocasiones los tutores no tienen la preparación adecuada para llevar a cabo una orientación en el alumno. Por ello, se presenta la falta de responsabilidad, dedicación y compromiso a la materia, esto conlleva a que los alumnos no alcancen los objetivos pautados en su carrera.

La tutoría es responsabilidad de la institución y del docente, pero se reconoce como un derecho del estudiante, quien debe apropiarse de la tutoría como una experiencia de crecimiento personal que, junto con otros apoyos, contribuya a elevar el aprovechamiento escolar en asignaturas de alto índice de reprobación y a disminuir la deserción. Es por eso por lo que es importante que el alumno tome dicha materia.

Creemos que la acción del tutor, en sus diversas modalidades, debe plantearse como un instrumento de ayuda ofrecida al estudiante, fundamentalmente en el plano académico y en el profesional. Por tanto, debe caracterizarse por unos objetivos claros, debidamente programados, y que han de estar coordinados con la programación docente del profesor, ya que la docencia y la tutoría son funciones interdependientes que confluyen en el aprendizaje del estudiante. La adopción de la tutoría conlleva un nuevo enfoque de la enseñanza que está unida a un sistema de aprendizaje autónomo y tutelado del estudiante.

En consecuencia, se logra un cambio en el interés de los alumnos hacia el desarrollo de las actividades académicas requiere resaltar la comunicación sobre las pautas de actuación y participación para el grado que se inicia, así como anticipar proyectos y espacios compartidos entre varias asignaturas.

En general, los estudiantes de cualquier grupo tienen intereses diferentes respecto a las actividades escolares de la institución y del grupo al que se integran. Se sugiere fortalecer los mecanismos de comunicación para que se familiaricen con la dinámica escolar y las relaciones con sus compañeros.

En conclusión y a nuestra opinión, las tutorías ayudan al alumno a superar cualquier dificultad que tenga en una o en varias materias, con el objetivo de reducir los índices de reprobación y disminuir las tasas de deserción escolar. Los tutores no están para hacer el trabajo del alumno, más bien deben ser facilitadores, mediante el uso de estrategias para que este supere cada una de sus dificultades. El objetivo de un buen tutor es que el estudiante logre la autonomía e independencia, dominando los contenidos y pueda trabajar por sí solo.

Las tutorías cuando son necesarias sirven para fortalecer el crecimiento académico y personal del alumno, hacen que este conozca y alcance su potencial, permitiéndole lograr un correcto aprendizaje. Hay sujetos que no necesitan tutores, el mejor tutor que tienen son ellos mismos, pero hay otros que los necesitan en demasía, han forjado un cierto margen de dependencia en donde el otro, su asistencia e intervenciones son importantes.

Bibliografía

Centro universitario de arte, arquitectura y diseño. (sin de sin de sin). Universidad de Guadalajara. Obtenido de Universidad de Guadalajara: http://www.cuaad.udg.mx/?q=para-que-sirve-la-tutoria-academica-tutoria-academica-alumnos

Elsa Liliana Aguirre Beníteza, B. R. (15 de enero de 2017). Sciencie DIrect. Obtenido de Sciencie DIrect: https://www.sciencedirect.com/science/article/pii/S2007 505717301527

nombre, S. (18 de junio de 2018). Orientacion universitaria. Obtenido de Orientacion universitaria: https://orientacion.universia.edu.pe/infodetail/consejos/o rientacion/beneficios-de-las-tutorias-con-profesores-2954.html

Viva-mundo. (11 de Abril de 2017). hotcourses Latinoamerica. Obtenido de hotcourses Latinoamerica: https://www.hotcourseslatinoamerica.com/study-abroad-info/student-life/cuales-son-las-ventajas-de-tener-un-tutor-academico/

(Castillo, González y Loyola, 2012). https://www.milenio.com/opinion/varios-autores/universidad-politecnica-de-tulancingo/tutoria-academica-factor-clave-exito-estudiantes

Escuela Normal Instituto Jaime Torres Bodet. México (30-09-2016)

https://www.redalyc.org/html/310/31048483042/

Univ. Psychol. vol.4 no.1 Bogotá Jan./June 2005 (agosto 27 de 2004 Aceptado: septiembre 9 de 2004)

http://www.scielo.org.co/scielo.php?script=sci_arttext&pid=S1657-92672005000100005

https://www.sciencedirect.com/science/article/pii/S1575181317300669?fbclid=IwAR2-GpnrkSWh3FKRzLMbDjNnaKGlFbfrQTKMXvaF0_F5SBo8Sne1iMeC8T4

https://redie.uabc.mx/redie/article/view/299/685?fbclid=IwAR3wYr0LeTZyJh4v9jbZMuxmZ8QUjkKkthKbN2qAKq0X654droo-X0czkJ0

https://www.milenio.com/opinion/varios-autores/universidad-politecnica-de-tulancingo/tutoria-academica-factor-clave-exito-estudiantes